LA
NOUVELLE ITALIE
COMEDIE
HEROÏ-COMIQUE.

LA NOUVELLE ITALIE,

COMEDIE HEROÏ-COMIQUE
ITALIENNE ET FRANÇOISE;

En trois Actes en Prose.

Mêlée d'Ariettes & de Spectacle.

Repréfentée pour la premiere fois par les Comédiens Italiens ordinaires du Roi, le 23 Juin 1762.

Par M. DE BIBIENA.

Dédiée à Mademoifelle PICCINNELLI.

Le prix eft de 24 fols.

On vendra la Mufique féparément.

M. DCC. LXII.

A MADEMOISELLE
PICCINNELLI.

E n'eſt point mon ouvrage, c'eſt le vôtre, dont je vous rends hommage ; c'eſt en découvrant vos talens que j'ai été animé ; j'ai compoſé à meſure que j'ai développé en Vous, MADEMOISELLE, un nouveau mérite, une nouvelle grace : c'eſt donc Vous qui avez donné l'ame à mes penſées, il eſt bien juſte que je vous les conſacre. Mépriſez les diſcours des ſots ; ce ſont des corbeaux qui croaſſent contre la Reine des fleurs. C'eſt en vain que l'on attribue aux François l'inconſtance & la légéreté, fauſſes maximes, ils rendent toujours juſtice aux vrais talens. Vous vous devez entierement à ce Public éclairé, qui vous a ap-

plaudi avec un vrai plaisir, même sans entendre votre langue. Nous lui avons fait connoître l'Actrice Italienne, donnons-lui la satisfaction de voir en Vous, MADEMOISELLE, une Actrice Françoise. Ne soyez point effrayée de la médiocrité de mes talens ; je suis assûré que ce Public indulgent, en faveur de l'Actrice, pardonnera les fautes de l'Auteur. Prenez une résolution digne de Vous ; je vous l'annonce avec fermeté & sans crainte de me voir démentir, oui, MADEMOISELLE, vous verrez les serpens de l'envie étouffés à vos pieds. Je suis très-respectueusement,

MADEMOISELLE,

Votre très-humble & très-obéïssant serviteur
DE BIBIENA.

PREFACE.

MON principal objet dans cette Piéce a été de mettre au jour les talens de Mlle PICCINNELLI, on avoit connu la Chanteuse, il étoit tems que l'on connût l'Actrice; placée dans le genre qui lui est naturel, j'étois persuadé qu'elle soutiendroit les éloges que le célèbre METASTASIO a fait de ses talens comme Actrice, lorsqu'il l'a vue jouer dans les Opéras qu'il a composés. Quelle occasion aurois-je pu trouver plus favorable pour répondre aux bontés que le Public a eues pour mes ouvrages, que celle de lui procurer le plaisir de découvrir de nouveaux talens dans cette jeune Actrice ? A l'égard du succès qui pouvoit m'être personnel, je n'espérois que celui d'avoir donné l'idée d'un nouveau genre de Piéce théâtrale, où se trouvent alliés & amenés à propos les deux Langues Françoise & Italienne, la Musique & le Spectacle. Car, je sçais bien, que d'autres, qui auront un vrai génie me surpasseront aisément, & que par un beau dessein & des couleurs brillantes ils présenteront au Public un tableau agréable, dont mes foibles talens n'ont pu donner que l'exquisse. Voilà donc l'intention que j'ai eue en composant cette Comédie ; mais j'ai un autre aveu à faire qui est plus important ; car je ne connois point de devoirs plus essentiels que ceux que la probité exige : cet aveu est celui de rendre justice à Messieurs les Comédiens Italiens ; j'y suis d'autant plus engagé que de faux discours se sont répandus dans Paris, & que je me sens obligé de les détruire par devoir & même par reconnoissance. Je ne rapporterai point ces propos ridicules ; mon intention est de ne parler qu'aux gens sensés ; c'est le fait qui doit convaincre, & le voici dans l'exacte vérité.

Lorsque je lus ma Piéce à l'Assemblée je trouvai quelque opposition ; un genre nouveau & un sujet sérieux devoient naturellement exciter des murmures. Cependant les voix se réunirent bientôt ; la considération particuliere que Mlle Piccinnelli s'est acquise de ses camarades, par ses

PREFACE.

talens & l'amitié sincère qu'ils ont pour sa personne, surmontèrent les difficultés. Je dirai même que l'estime qu'ils ont pour moi contribua aussi à les déterminer; je ne puis point en douter; ils m'avoient donné des preuves de distinction; puisqu'ils m'avoient accordé l'entrée à leur Spectacle long-tems avant que j'eusse la moindre idée de composer une Piéce pour leur Théâtre. Ma Comédie fut donc reçue; mais les rôles étant distribués, il n'y eut que Mlle Piccinnelli qui se trouva satisfaite.

M. Carlin étoit fort mécontent de son rôle; il n'y trouvoit pas *un seul soupir comique*, pour me servir de son expression. Il m'auroit été facile d'imaginer des Scènes gaies, bouffonnes même si l'on veut; mais enfin j'ai composé cette Comédie pour ceux qui entendent les deux Langues, & ceux qui les sçavent m'auroient regardé comme un homme sans nulle connoissance d'action théâtrale, si en prodiguant les plaisanteries, j'avois détourné l'attention de l'intérêt essentiel; il ne falloit donc hasarder que le comique qui pouvoit naître de l'action même. Quand j'aurois dit cette raison à M. Carlin, il n'en auroit pas été plus satisfait, & il auroit pu me répondre, il est singulier que vous me chargiez d'un rôle où je dois être froid nécessairement; ce fut donc par complaisance qu'il se détermina à l'accepter; ainsi, je ne sçaurois trop lui témoigner ma reconnoissance. Un Acteur accoutumé à ne paroître que pour faire les délices des Spectateurs, un Acteur qui par ses graces fixe l'attention de tout le monde, qui réunit... Mais que vais-je chercher! Lorsque le Public a décidé par son suffrage, les éloges d'un Auteur, tel que moi, sont bien inutiles.

Mademoiselle Camille étoit en elle-même fort peu contente, & avec raison; chargée d'un rôle hors de son genre & qui ne pouvoit la flatter en aucune maniere, il n'étoit pas possible qu'elle fût satisfaite; je pénétrois son mécontentement, quelque soin qu'elle eût de le cacher; mais que ne dois-je point à la bonté de son cœur! Aucun murmure ne lui est jamais échappé. J'ai bien connu dans cette occasion qu'il ne lui avoit pas été difficile de nous attendrir jusqu'aux larmes, elle n'a eu qu'à laisser paroître la sensibilité de son ame, qu'à développer son heureux naturel, qui animé par tant de graces séduisantes... Quoi ! Encore un nouvel écart ! Est-ce à moi de vouloir élever le mérite d'une Actrice que le Public chérit ?

Le plus mécontent étoit M. Clerval ; jouer un rôle françois, un rôle de Seigneur, & ne pas y trouver cette fleur de galanterie, naturelle à la nation & plus que jamais de mode, lui paroissoit un personnage manqué & absolument opposé aux usages. Mais que l'on se représente un jeune homme, entraîné par la fureur des vents dans une Isle inconnue, où il ne s'attend qu'à rencontrer des sauvages ou des bêtes féroces, & qui voit dans un jardin délicieux la Princesse la plus aimable, fût-il le Petit-maître le plus frivole, il ne peut que demeurer interdit, enchanté, transporté d'admiration ; son cœur doit naturellement s'ouvrir à la passion la plus vive ; il ne sçauroit parler que le langage du sentiment, c'est-à-dire, celui qui approche le plus du tragique & même du romanesque, si l'on veut ; car les sentimens de ce genre qui nous paroissent excessifs, lorsque nous ne connoissons que la galanterie, deviennent les nôtres aussi-tôt que nous sommes épris sérieusement. Je n'osois point apporter ces raisons à M. Clerval ; je craignois sa modestie ; il m'auroit dit peut-être qu'il ne vouloit point se hasarder à jouer un personnage, dont le caractère passionné étoit trop difficile à soutenir. Je laissai donc agir son bon cœur & M. Clerval consentit à jouer, quoique son rôle lui déplût absolument ; quelle obligation n'a point un Auteur à un Acteur qui par complaisance se détermine à un pareil sacrifice ! Celle que j'ai à M. Clerval ne cessera jamais. Aujourd'hui que par l'impression de la piéce M. Clerval connoîtra parfaitement l'ensemble du tableau, il sentira mieux que moi le vrai caractère de son personnage ; il le jouera avec cette passion que la vérité exige, avec ses graces qui lui sont naturelles & qui ne peuvent qu'être attachées à une figure aussi agréable que la sienne.

Le rôle de Rodolfo n'est point sans intérêt ; le récit du combat au troisième Acte, joué avec feu, doit être applaudi par ceux mêmes qui n'entendent pas la Langue Italienne. L'Acteur qui joue ce personnage n'est point sans talens ; & si le Public par son indulgence daignoit l'encourager, il auroit le plaisir de lui en découvrir d'essentiels & même d'agréables, que la timidité & le préjugé qu'on a contre lui, tiennent ensévelis.

Je ne dirois rien du rôle de Rosaura, qui n'en est pas un, si je ne me sentois obligé de reconnoître les bontés que Madame Savi a eues pour moi en voulant bien l'accepter. J'espére lui donner des preuves de ma reconnoissance, en lui procurant la satisfaction de faire connoître au Public que ses talens ne sont point bornés à l'*impromptu*, & que c'est dans un rôle étudié & de force où elle les fera briller aussi avec distinction.

Messieurs les Comédiens avoient résolu de donner ma Piéce en hyver ou au commencement du printems, tems convenable pour une Comédie de cette sorte ; car il y a en campagne & aux armées un grand nombre de personnes, en état de suivre le spectacle, qui entendent parfaitement la Langue Italienne. De nouveaux arrangemens survenus, connus de tout le monde & d'autres circonstances dont ils n'ont pas été les maîtres, ont différé la représentation de ma Piéce jusqu'au 23 Juin. On a même été forcé de s'en tenir à ce jour fixé par de fortes raisons ; & de cette gêne il en est arrivé que la premiere représentation n'a été qu'une répétition imparfaite. Dans une saison si peu favorable à cette Comédie & dont le succès paroissoit si douteux, il n'étoit pas naturel qu'ils se prêtassent à aucune dépense, quoiqu'il y en eût fort peu à faire ; ainsi ma Comédie a été une pauvre orpheline, sans soutien, sans appui, qu'on a livrée à la pitié des personnes compatissantes. Aujourd'hui que le Public l'a prise

PREFACE.

sous sa protection; Messieurs les Comédiens sont trop zélés à lui plaire, pour ne pas reconnoître la pauvre orpheline pour leur enfant; & je suis assuré qu'à la premiere représentation, qui sera la véritable, on la verra avec les agrémens convenables & tels que je les ai imaginés.

Je laisse à penser quels ont été les orages qui m'ont agité.... Mais pourquoi me les rappeller, puisque les bontés du Public m'ont fait aborder dans un port semé de fleurs: je conserverai toute ma vie la reconnoissance la plus respectueuse de la faveur qu'il m'a accordée, & je ne m'occuperai désormais qu'à consacrer mes veilles à ses amusemens.

ACTEURS.

EMILIA, *Princesse d'un isle à l'extrémité de l'Amérique,*
     Mlle PICCINNELLI.

RODOLFO, *Ministre de la Princesse, & Général de l'Armée,*
     M. RUBINI.

ROSAURA, *fille de Rodolfo, premiere Dame d'honneur de la Princesse,*
     Mad. SAVI.

CAMILLA, *suivante de Rosaura,*
     Mlle Camille VERONESE.

LISIDOR, *Seigneur françois & Général,*
     M. CLERVAL.

ARLEQUIN, *valet de Lisidor,*
     M. CARLIN.

La Scène est dans une isle à l'extrémité de l'Amérique inconnue en Europe.

LA NOUVELLE ITALIE:
COMEDIE.

ACTE I.

SCENE PREMIERE.

Le Théâtre représente un Jardin délicieux dans l'intérieur du Palais de la Princesse ; au fond est la mer : un grand escalier orné de balustres descend dans la mer & y forme un Port agréable ; une Barque est attachée au Port. Deux portes d'appartemens, à côté des balustres de l'escalier, ornées de colonnes & couronnées d'un balcon, donnent dans le Jardin & sont vis-à-vis l'une de l'autre ; deux fontaines, également vis-à-vis l'une de l'autre, sont sur le devant du Théâtre. Il y a des Gardes aux portes des appartemens. L'aurore commence à paroître, la mer est un peu agitée. La fin de l'ouverture peint le lever de l'aurore.

EMILIA, ROSAURA & CAMILLA.

Emilia sort d'une porte des appartemens d'un air qui annonce la tristesse ; Rosaura la suit avec empressement : Camilla sort la derniere & s'avance peu à peu. Un Officier suit la Princesse.

EMILIA.

Lasciatemi, vi dico; non mi disturbate, Rosaura, da' miei mesti pensieri; è troppo giusto il mio ramarico.

Rosaura.

Ma, Principessa, spunta appena l'aurora, ed ogn'uno nel vostro palagio è ancora immerso nel sonno; voi sola negate a voi stessa il dovuto riposo, e non aprite gli occhi che per inumidirli di pianto. Son già scorsi due anni da che morì il Principe vostro Padre; piangeste abbastanza la sua morte; abbiate al fine, o Principessa qualche solievo; egli è tempo di sparger fiori sulla tomba del vostro genitore.

Camilla s'avance à côté de Rosaura; mais en se tenant un peu derriere elle.

Emilia.

Che diceste, o Rosaura, e che intesi! Sono questi i sensi dovuti al vostro Sovrano, al vostro benefattore? Ch'io sparga fiori sul cenere del mio Principe, del diletto mio Padre! O numi del Cielo, voi, che scorgete nell'intimo del mio cuore, m'incenerisca un fulmine se mai pongo in oblio quel dolce affetto, onde amata io fui dal tenero mio Padre. Ombra cara, ombra diletta, che invendicata t'aggiri intorno al marmo ov'è chiusa l'estinta tua spoglia, no', non m'accosterò mai a quel sacro ricetto, che non compianga il tuo destino, che non senta lacerarmi il cuore, che la tomba bagnata non sia dalle amare mie lagrime. Ramentate, Rosaura, l'indole generosa di mio Padre; ramentate qual fù l'aspra cagione del suo morire; pensate, che nel vigore degli anni, agitato dalla rimembranza di un'orrido tradimento, che affannato di lasciarmi orfana e priva della metà degli strati; pensate che lo viddi (o misero, o caro genitore ! (che lo viddi esalar pel dolore gli ultimi sospiri.

CAMILLA *à part.*

Debole ingegno, che si lasciò vincere dal suo affanno.

L'aurore répand toute sa clarté

EMILIA *à* ROSAURA.

M'è però noto qual sia il mio dovere per i fidi miei sudditi; deggio serbarmi in vita per non lasciarli in abbandono alla tirannide; ma le nuove mie pene vi sono forse sconosciute? sapete, o Rosaura, a qual eccesso di baldanza il traditor Gernando porta oggi le sue brame; l'empio ardisce offrirmi la sua mano; un suo inviato ne diede, tre giorni fa, a Rodolfo vostro Padre ed al consiglio la temeraria notizia; porgerò io la mano di sposa a colui, per cui cagione s'estinsero i giorni di mio Padre?

Air :

* Dovea svenarmi allora
Che al dì chiuse le ciglia...
Dite, vedeste ancora
Un Padre ed una figlia
Tenero al par di lui,
Misera al par di me ?
L'ira soffrir saprei
D'ogni destin tiranno,
A questo solo affanno
Costante il cor non è.

---

* *Je n'ai pu changer que trois mots dans les paroles de cet air qui sont de Metastasio & dans l'Opera de Caton en Utique. Ces paroles sont exactes pour la mesure & la rime.*

Pendant qu'Emilia chante l'air & que Rosaura fait sentir qu'elle voudroit la consoler, Camilla tire de sa poche un écrain & contemple les diamans qui y sont renfermés, mais en observant de n'être pas remarquée, & elle remet ensuite l'écrain dans sa poche.

ROSAURA à *Emilia.*

E pure per quanto intesi questa proposta al consiglio ed a mio Padre non dispiacque, e il loro parere....

EMILIA.

So qual sia, ma so qual esser deve il mio.

CAMILLA *bas à Rosaura.*

Animo, Signora Padrona, parlate con coraggio e schiettezza.

ROSAURA à *Emilla.*

Sembrami però che da questo imeneo dipenda la felicità de' Popoli. Prima di stringere il sacro nodo, sarà in vostro potere, o Principessa, impor leggi a Gernando; ed egli, per ottener quanto brama, consentirà alle vostre voglie ed impegnerà la sua fede.

---

mais il y auroit à critiquer pour le sens ; & pourquoi, me dira-t-on ne pas composer d'autres paroles & une nouvelle musique ; cette question est juste, mais je ne puis rien y répondre.

La musique de cet air est de M. Duni, qui a composé à Naples la musique de l'Opera de Caton en utique. Cette composition a été si goutée, si applaudie, que chaque jour on en parle en Italie avec admiration, & on en parlera toujours avec distinction tant qu'il y aura au monde une musique italienne, ce sera donc pour longtems.

EMILIA.

Che fede ! Chi non serbolla al Principe, al benefattore, all'amico, la serberà alla sposa ?

ROSAURA.

Ma, Principessa, può esser degno di qualche scusa un giovanile errore, e Gernando....

EMILIA.

Tacete, Rosaura ; compatisco il vostro zelo ; comprendo il vostro timore, so che nasce da affetto per me, vene son grata, e sentite qual è per voi la mia fiducia. Voglio svelarvi un'arcano, che vorrei quasi celare a me stessa e che però vi scopro. Lo crederete, o amica ? Oppressa da tanti funesti pensieri, spesse volte mi-sento sorpresa da un'altra sorta di affanno, che ora è pena, ora è piacere, da un sospirar frequente che i sensi alletta e poi gli opprime.... da un confuso desio.... da un non so-che di strano che spiegarvi non so. *Air :*

* Provo fra le mie pene
Un non soche nel petto ;
Non so se sia diletto,
Non so se sia dolor,
   Confonde i miei pensieri,
M'alletta, e poscia....Oh Dio !
Più opprimerlo vogl'io,
E più mi-sta nel cor.

---

* *La musique de cet air est de M. Duni. L'ouverture, la tempête & les autres symphonies sont de la composition de M. Rigade, jeune homme d'un talent distingué & qui mériteroit d'être encouragé.*

a iij

Spiegatemi, o amica, questa molestia del mio cuor che non intendo; voi sorridete, Rosaura? *Camilla sourit aussi mais à part.*

L'aurore est obscurcie par des nuages.

ROSAURA *à Emilia.*

E facile a spiegar quest'arcano, o Principessa; tenero nacque il vostro cuore, vorria egli occuparsi di qualche dolce cura, ecco il diletto; voi rintuzzar volete il suo desio, quest'è l'affanno.

Emilia demeure un peu rêveuse.
Les flots commencent à se soulever; on voit dans l'éloignement trois vaisseaux qui sont en danger de périr.

CAMILLA *à Rosaura.*

Ah! Signora, ecco un'orrida tempesta.

EMILIA *en revenant à elle-même.*

A part. Non mi appagano i detti di Rosaura. *Haut.* Ma s'oscura il Cielo, minaccia qualche nera tempesta. *Emilia se retourne & elle voit le péril où sont les trois vaisseaux.* Ah! Rosaura, che vista funesta! Vedete, osservate in qual orrid'angoscia trovansi gl'infelici che sono in quelle navi, quanto li compiango! tutto s'intraprenda per dar loro soccorso; o là correte, (*à l'Officier.*) Vengano nocchieri, chiamisi Rodolfo, siano prontamente eseguiti i miei cenni.

L'Officier part pour exécuter les ordres de la Princesse. Le tonnerre gronde, les vaisseaux sont sur le point d'être submergés; la tempête est dans toute sa fureur, ce qui est aussi secondé par une symphonie bruyante.

SCENE II.

RODOLFO *suivi d'un Pilote & de quelques Matelots*, EMILIA, ROSAURA & CAMILLA.
On n'entend plus le tonnerre, mais les éclairs continuent, la mer est encore fortement agitée & les vaisseaux sont toujours en danger de périr.

EMILIA *en voyant* RODOLFO.

Ah! Rodolfo, ecco una pietofa cura degna della voſtra bell'indole; comandate i nocchieri, reggete il loro animo.

RODOLFO.

Inorridiſco, o Principeſſa, tremo per quegl'infelici. *Aux Matelots.* Animo, amici, la pietà della noſtra ſovrana ſia ſtimolo al voſtro coraggio; ſoccorriamo quei miſeri.

Rodolfo, le Pilote & les Matelots courent sur la barque & commencent à manœuvrer pour donner du secours aux vaisseaux.

CAMILLA *à part.*

Che inopportuno ajuto! ſe coloro qui approdano, ecco ſtranieri che cagioneranno qualche nuovo ſcompiglio.

Les nuages commencent à se disperser; les flots sont moins agités, ce qui est aussi annoncé par de doux sons de l'Orquestre.

EMILIA.

Reſpiro, Roſaura; il Cielo ſi raſſerena, e parmi che i nocchieri ſalveranno gli nomini e le navi, e voi, o cara, non vi ſentite un ſolievo nel cuore?

ROSAURA.

Sì, o Principessa, mi da allegrezza il vederli in salvo.

Le Pilote & les Matelots parviennent à faire approcher du Port les trois vaisseaux.

SCENE III.

ARLEQUIN, RODOLFO, EMILIA, ROSAURA & CAMILLA.

Le premier homme qui sort des vaisseaux est Arlequin, qui effrayé, saute d'un vaisseau sur la barque, & de la barque sur le port ; il monte l'escalier avec précipitation ; il court par tout le jardin comme s'il vouloit chercher un asile qui le mit à l'abri de sa frayeur.

EMILIA.

Oh ! che strana figura !

CAMILLA.

Oh ! che curioso moretto !

ROSAURA *bas à Camilla.*

Vedi chi è costui.

CAMILLA *bas à Rosaura.*

Subito, Signora.

Emilia & Rosaura s'avancent près de l'escalier, Camilla court après Arlequin, qui en faisant des tours précipités heurte contre Camilla ; ce choc l'effraye encore davantage, & il ne sçait plus où se sauver.

CAMILLA *à Arlequin.*

Perchè tanta paura ? già siete in salvo.

ARLEQUIN *sans voir Camilla.*

Je crois que je suis dans un jardin, oui; c'est un jardin... J'ai entendu une voix qui m'a flatté les oreilles.

CAMILLA.

Non m'intendete ?

ARLEQUIN *à part & en voyant Camilla.*

Ah ! Ah ! c'est une femme qui parle.... Oh ! qu'elle est jolie ?

CAMILLA.

Capite l'Italiano ?

ARLEQUIN.

Oui, j'entens l'Italien; mais moi, je ne veux parler que François; c'est ma langue favorite; entendez-vous le François, vous ? *à part.* Elle a un minois de fantaisie.

CAMILLA.

Si, capisco il francese; ma, voi, chi siete ? come vi chiamate ? qual gente è in quei vascelli ?

ARLEQUIN.

A part. Voilà une femme bien curieuse. *Haut.* Moi, je m'appelle Arlequin; je suis...., oui, je suis gentil'homme de Lisidor, Seigneur François & Général : nous sommes tous des François, & personne n'entend l'Italien que moi. *A part.* Elle a un petit nez si friand que je lui pardonne sa curiosité.

CAMILLA *à part.*

Voglio lusingar questo grazioso moretto, potrà forse giovarmi.

Les vaisseaux sont encore plus approchés du port.

Les Matelots des vaisseaux aidés par ceux de l'Isle jettent des ponts.

SCENE IV.

LISIDOR, EMILIA, RODOLFO, ROSAURA, CAMILLA & ARLEQUIN.

Lisidor sort d'un vaisseau au son d'une marche jouée par les instrumens de ses troupes & secondé par l'orquestre; Rodolfo le précéde pour le présenter à la Princesse: Lisidor monte l'escalier, & après avoir rangé ses troupes dans le jardin, il fait à la Princesse le salut militaire; après ce salut les soldats retournent dans leurs vaisseaux, & quelques Officiers restent auprès de leur Général.

EMILIA à part en regardant Lisidor.

CHe nobili sembianze! l'animo grande e la soavità de' costumi sono impressi nelle sue favezze; che bel portamento! mi balza il cuore; comincio ora a capire quel non so che, che mi affannava e che intender non potevo.

Emilia s'avance sur le devant du Théatre avec Rosaura.

LISIDOR surpris de la beauté d'Emilia, reste pendant quelques instans au foud du Théatre, & il dit à part.

Que de beautés! que de charmes! Dans ce climat ignoré, dans cet isle sauvage, se peut-il que la nature ait formé une personne aussi distinguée par son air & par ses graces! Quel trouble m'agite ! j'ai été sauvé du naufrage; mais que je trouve ici de nouveaux dangers !

Lisidor s'avance peu à peu ; il regarde la Princesse à la dérobée, il n'ose lever les yeux sur elle ; Emilia le regarde de même.

RODOLFO *à part & en regardant Emilia & Lisidor.*

Che miro ! Lo stupor d'amendue non palesa che troppo la sorpresa de' loro cuori, miseri noi !

ROSAURA *en regardant de même & à part.*

Quanti mali prereggo !

CAMILLA *à part.*

Già l'ho detto ; ecco il principio di nuove sventure ; ma saprò io far in modo che Gernando trionfi.

ARLEQUIN *à part & en les regardant tous.*

Oh ! que cela est divertissant. Ils me font rire, qu'ils ont l'air sot avec leur surprise !

LISIDOR.

à part. Je ne puis pas espérer de me faire entendre ; je voudrois cependant lui témoigner ma reconnoissance. *haut & d'une voix émue* : Nous vous devons la vie, Princesse. Daignez recevoir ma reconnoissance, ou plutôt mon hommage ; on peut vous rendre le culte que l'on doit aux immortels ; ils nous l'ont annoncé en vous prodiguant leurs faveurs.

ARLEQUIN *à part.*

Je suis content de mon maître ; il a fort bien commencé ; le culte, les faveurs ; oh ! c'est du beau.

EMILIA.

à part. Che dolce favella ! Jo non l'intendo e pur m'intenerifce ; ben m'accorfi a fuoi atti ch'ei mi rendea umili e fervide grazie ; convien rifpondergli. *haut.* Illuftre ftraniero., mi fon care le grazie che voi mi rendete ; ma nulla feci degno di tanta gratitudine ; compii un dovere, che fenza barbarie non può effer negletto da chiunque ha un cuore umano ; & queft'Ifola, benchè remota e fconofciuta non produce abitatori tanto feroci. È vero però che fe nel preftarvi aita aveffi potuto prevedere, che un'uomo da fi bei pregi diftinto, foffe ftato in tanto pericolo, faria ftata anche più anfiofa la mia premura in foccorrervi, eun violente affanno..... *à part.* Ma che dico ! troppo m'inoltro di parole.... fon confufa.... e perchè tanto roffore ? ei non m'avrà intefo ! eh ! che gli occhi fuoi mi palefano il fuo cuore ! che farò ? più rimango fofpefa e più mi fcopro..... *haut.* Rodolfo, fia voftra cura il condurre quefto nobile ftraniero nelle migliori ftanze del mio palagio e gli fiano refi i dovuti onori.

RODOLFO.

Ubbidifco, ô Principeffa. *Rodolfo fait figne à Lifidor de paffer dans les appartemens.*

EMILIA *à Lifidor.*

Andate, o Signore, co' voftri feguaci a prender qualche ripofo.

LISIDOR *à part.*

Il faut obéir ; je vois que la Princeffe m'ordonne de paffer dans les appartemens pour y prendre du repos ; mais je ne fens que trop que je n'en ai plus à efpérer.

RODOLFO *fait passer les premiers Lisidor &*
ses Officiers, & il dit à part
& en entrant :

È dovere il socorrer chi sia sul-punto d'esser
sommerso ; ma quanto ci sarà funesta questa
pietà !

SCENE V.

EMILIA, ROSAURA, CAMILLA & ARLEQUIN.

ARLEQUIN.

QUe mon maître aille se reposer s'il veut ;
moi, je n'ai pas besoin de repos ; voilà des
yeux qui me tiennent trop al'erte, je voudrois
que la Princesse s'en allât ; je tiens dans mes
filets cette petite curieuse, puisqu'elle entend le
françois ; mes jolis propos la subjugeront dans
le quart d'heure : la Princesse est rêveuse, elle
ne s'en ira pas.

EMILIA.

à part Per celargli i moti del mio cuore,
l'allontano e poi mene pento, ed ora bramerei
quasi di vederlo quand'anche scoprir dovesse
gl'intimi miei sensi ... Ah ! nò.... oh Dei !
non so più quel che voglio. *haut.* Diremi, Rosaura, sapete chi sia quest'uomo che pare uno
scimiotto ?

ARLEQUIN *à part.*

Uno scimiotto !

(14)
ROSAURA.
No, Principessa, ma imposi a Camilla di sa-
per chi fosse; parla Camilla, chi è costui?
CAMILLA.
È un gentiluomo del Generale; si chiama Ar-
lechino e il suo signore Lisidoro.
EMILIA à *Camilla.*
Costui gentiluomo?
ARLEQUIN.
Si, Signora, gentiluomo d'anticamera.
EMILIA.
Come! tu parli Italiano.
ARLEQUIN *à part.*
Morbleu! me voilà engagé à parler Italien,
j'enrage.
EMILIA.
Dimmi il tu Padrone è di stirpe illustre?
ARLEQUIN *à part.*
Stirpe, quel diable de mot; on n'a jamais
dit *stirpe* à Bergame, où l'on parle si bien. *Ca-
milla fait des signes à Arlequin; elle voudroit
lui faire entendre qu'il ne faut pas dire du bien de
son maître.* Et cette autre mutine que me veut-
elle avec ses signes, je n'y entens rien.
EMILIA.
Ma rispondi.
ARLEQUIN *d'un air embarrassé.*
Stirpe, stirpe.
ROSAURA *à Arlequin.*
La Principessa ti chiede, se il tuo Padrone è
di una nascita sublime; alta, se meglio in-
tendi.

ARLEQUIN.

Oh! alta, sì, Signora, alta come una montagna.

EMILIA.

Che vuol dir costui colle sue facezie? sarebbe il suo intento di far sentire che il suo Padrone non è già qual si crede.

Camilla continue à faire des signes à Arlequin.

ARLEQUIN. *a part.*

Tous ces signes sont inutiles, je n'y conçois rien.

EMILIA.

à part. Come! mi sarei delusa! Ma la maestà del suo volto, tanta leggiadria negli atti, nel contegno, nel favellare.... e se con tutto ciò..... non più dubbiezze. *haut a Arlquin.* Ascolta, e alle mie richieste siano pronte e sincere le tue risposte.

ARLEQUIN *à part.*

Oh! je me moque des signes, il faut répondre.

EMILIA.

Qual fù il tuo intento dicendomi che il tuo Padrone è di una nascita alta come un monte?

ARLEQUIN.

I monti sono alti; Lisidoro è un gran Signor Francese, quasi un Principe, si dice Altezza a un Principe; la nascita del mio Padrone è dunque alta come una montagna.

EMILIA.

à part. Respiro. *haut.* È ammogliato Lisidoro?

ARLEQUIN.
Ammogliato?

EMILIA.
Si, ha egli una sposa?

ARLEQUIN.
Ne ha due.

EMILIA.
à part. Che sento! *haut.* Come! due spose?

ARLEQUIN.
Si, Signora, due, il mare e la sua spada. *à part.* Je l'ai entendu dire à mon maître & je le dis aussi.

EMILIA.
à part. È giovale costui; ma quanto mi affanna co' suoi equivochi detti. *haut.* Giacchè Lisidoro è di gran nascita, i costumi saranno conformi al suo grado.

ARLEQUIN.
Si Signora; Lisidoro è un gran generale....un Signor cortese....un buon'amico....e un Padron generoso. *à part.* Me voilà hors d'un grand embarras.

EMILIA *à part.*
Facilmente si scorge, che i detti di questo faceto servo sono sinceri; la gioja m'inonda il cuore; non voglio che Camilla e costui sene accorgano. *Emilia entre dans les appartemens d'où elle est sortie, Rosaura la suit.*

SCENE

SCENE VI.

ARLEQUIN & CAMILLA.

ARLEQUIN.

Elle est partie enfin.

CAMILLA *d'un air courroucé?*
Come ! non intendeſtè i miei cenni.

ARLEQUIN.
Et que falloit-il entendre ?

CAMILLA.
Vi facevo ſentire, che non volevo che diceſte bene del voſtro Padrone, anzi che ne diceſte male.

ARLEQUIN.
Voilà qui eſt ſingulier ; comment aurois-je pu comprendre qu'il falloit mentir ; cela ne ſe devine pas ; & puis, moi, dire du mal de mon maître. Oh ! oh !.... Mais, laiſſons cela ; vous êtes jolie, je vous aime, & il faut que vous m'aimiez. Vous entendez le françois, ſans doute que vous le parlez ; parlez-moi donc françois, puiſque vous devez m'aimer. D'abord il me prend une curioſité ; je ne vois encore qu'un jardin ; dans quel pays ſommes-nous ?

CAMILLA *à part.*
Convien ſodisfarlo, ſe voglio riuſcire nel mio intento.

ARLEQUIN.
Eh bien, répondez-moi donc & en françois.

CAMILLA.

Je le veux bien ; mais tu reconnoîtras aussi la complaisance que j'ai pour toi, & tu feras ce que je te dirai.

ARLEQUIN.

Toi, toi, à un gentilhomme d'antichambre ? toi !

CAMILLA.

Cette familiarité doit te charmer, elle te prouve ma confiance.

ARLEQUIN.

Allons, il faut tout passer aux femmes ; enfin dans quel pays sommes-nous ?

CAMILLA.

Dans une isle qu'on appelle la Nouvelle Italie.

ARLEQUIN.

La Nouvelle Italie ! cela est plaisant.... & pourquoi sommes-nous dans la Nouvelle Italie ?

CAMILLA.

à part. Il faut le satisfaire. *haut.* Un certain Americus fit autrefois la conquête d'un pays très-vaste, qu'on appelle l'Amerique.

ARLEQUIN.

Americus, Amerique ; il n'y a pas là une sillabe d'Italie.

CAMILLA.

La flotte d'Americus étoit composée de vaisseaux de différentes nations ; un de ces vaisseaux étoit italien : Polidoro en étoit le Commandant : il avoit amené avec lui son épouse, & plusieurs Officiers avoient aussi leurs femmes.

ARLEQUIN.
Oh ! bonne précaution cela.

CAMILLA.
Avant de pouvoir aborder à cette immense contrée, les vaisseaux se trouverent dispersés par une tempête, & celui de Polidoro fut jetté par les vents dans cette isle, qui est à l'extrémité de l'Amérique & inconnue en Europe : l'isle étoit habitée par des sauvages qui prirent la fuite au premier feu de la mousquetterie.

ARLEQUIN *à part*.
J'en aurois bien fait de même.

CAMILLA.
Leurs femmes, trop effrayées pour pouvoir même s'enfuïr, furent arrêtées, & chaque soldat se trouva marié avec une de ces femmes. On proclama Polidoro souverain de l'isle, qu'on nomma la Nouvelle Italie, & en peu d'années l'isle se trouva extrêmement peuplée.

ARLEQUIN.
Oh ! je le crois bien ; je connois les Italiens.

CAMILLA.
Depuis ce tems-là plusieurs Princes Polidoro se sont succédés, jusqu'à Polidoro huitiéme & dernier qui n'a eu qu'une fille de la Princesse son épouse. La mere est morte ; Polidoro est mort lui-même, il y a deux ans : cette fille est la Princesse que tu as vûe, qui est notre Souveraine & qui s'appelle Emilia, es-tu content ?

ARLEQUIN.
Oh ! j'entens à présent ; mais puisque nous sommes dans la Nouvelle Italie, sans doute

qu'il y a encore ici une nouvelle Bergame, des *Macheroni*, du fromage parmesan, des....
CAMILLA.
Ne t'embarrasse pas ; il y a tout ce qu'il faut ici pour faire ton bonheur.
ARLEQUIN.
Voyez-vous ; elle ne vouloit pas parler françois, & elle parle presqu'aussi bien que moi.
CAMILLA.
Dans ma premiere jeunesse j'ai été élevée en France.
ARLEQUIN.
Et qu'êtes-vous ici !
CAMILLA.
Je suis.... *à part*. Il m'a dit qu'il étoit gentilhomme de Lisidor ; je puis bien lui en imposer aussi ; je serai toujours Dame comme il est Gentilhomme.
ARLEQUIN.
Et bien qu'êtes-vous donc ?
CAMILLA.
Je suis Dame d'honneur de la Princesse.
ARLEQUIN *à part*.
Dame d'honneur ! Quel emploi singulier !... Enfin puisqu'elle est Dame d'honneur, moi, je l'épouserai volontiers en tout bien & en tout honneur.
CAMILLA.
A quoi pense-tu ?
ARLEQUIN.
Je pense..... mais êtes-vous née dans cette isle ?

CAMILLA.
Non, je n'y suis pas née.
ARLEQUIN.
Et comment vous appellez-vous ?
CAMILLA.
Camilla.
ARLEQUIN.
Y a-t'il ici d'autres Camilles qui entendent le françois ?
CAMILLA.
Je suis la seule dans cette isle qui entende cette Langue ; mais sortie de France à douze ans, (*d'un ton ironique*) je ne me flatte pas de la parler comme toi.
ARLEQUIN.
Vous y faites quelques fautes, mais je vous corrigerai ; puisque vous n'êtes pas une nouvelle Italienne, où êtes-vous donc née ?
CAMILLA.
Je suis fatiguée de tes questions ; il est tems que tu répondes aux complaisances que j'ai eues pour toi ; écoute. Si la Princesse parle à ton Maître, il n'y a que toi qui puisse lui expliquer ce qu'elle lui dira.
ARLEQUIN.
Sans doute.
CAMILLA.
Eh bien, je veux que tu interpretes à ton Maître tout à l'opposé de ce que la Princesse lui aura dit ; par exemple, si elle lui témoigne quelques sentimens d'amitié, je veux que tu dites à Lisidor qu'elle n'a pour lui que de l'indifférence, & ainsi du reste.

b iij

ARLEQUIN.

Moi, en imposer à mon Maître! & puis, est-ce qu'un Gentilhomme dit des mensonges?

CAMILLA.

Oui, il en dit lorsque c'est pour le bien; car je t'avertis que si tu exécutes ce que j'exige de toi, tu feras le bien de la Princesse, celui de Lisidor, le bonheur des peuples & le tien.

ARLEQUIN.

Mais, comment une trahison peut-elle conduire à tant de bien?

CAMILLA.

Tu ne dois pas en douter, puisque je te l'assure; confie-toi à moi, & ensuite si mes foibles charmes..... *Elle le regarde avec une feinte tendresse.*

ARLEQUIN *à part.*

Ses yeux me persuadent; elle ne voudroit pas me tromper, puisqu'elle m'aime.

CAMILLA.

Tu seras couvert de gloire.

ARLEQUIN *à part.*

Comment! j'aurai encore de la gloire; voilà une trahison d'une espéce bien singuliere!

CAMILLA.

Tu auras aussi de grandes récompenses, de l'argent.

ARLEQUIN.

à part. De l'argent aussi; j'aime bien la gloire soutenue par l'argent. *haut.* C'en est fait; puisque vous êtes Dame d'honneur, vous devez en avoir; je ferai donc ce que vous voulez, & je me laisse conduire par votre honneur.

CAMILLA.

Oui, fais ce que je te dis, & je te conduirai par un chemin, où la fortune viendra au devant de toi pour ne te quitter jamais.

Camilla entre dans les appartemens de la Princesse.

ARLEQUIN.

De la gloire, de l'argent, le bien de Lisidor, de la Princesse, des peuples & pour épouse une Dame d'honneur ! Je maudissois les vents ; mais je vois bien à présent que je n'étois qu'un sot ; je jurois contr'eux, & ils me jettoient dans les bras de la fortune. Oh ! à présent que je la tiens par le toupet, je ne la laisserai plus échaper.

Fin du premier Acte.

ACLE DEUXIEME.
SCENE PREMIERE.

EMILIA *qui sort des appartemens, précédée de ses Gardes & suivie de quelques Dames de sa Cour.* RODOLFO & ROSAURA.

EMILIA.

Ditemi, Rodolfo, fù servito ed onorato come conviene il nobile straniero?

RODOLFO.

Mi son legge i vostri cenni, o Principessa; eseguii quanto m'imponeste, e col decoro degno del vostro animo sublime e degno del duce francese. Ma questo Lisidoro mi pare inquieto, pensieroso, non trova pace, e credo che non abbia altro desio che di sciogliere le vele al vento.

EMILIA.

E perchè supporre in lui questa brama? Forse un'altra cura l'affanna.

RODOLFO.

Ah! Principessa, se il timore del vostro sdegno non frenasse il mio zelo.

EMILIA.

Ingiusto timore, o Rodolfo; mi son cari i vostri consigli; parlate con libertà.

RODOLFO.

Giacchè tanto mi vien concesso, o Principessa, dalla vostra clemenza, parlerò e colla schiettezza d'un suddito fedele. La dimora di Lisidoro in quest'Isola esser non potriaci che funesta. Son torbidi i principi del vostro regno, e questi stranieri aggiugnerebbero ancora nuove sventure a quelle che ci sovrastano. Non v'è che un sol riparo al vostro vacillante soglio. So quanto esser vi debba odiosa la proposta di Gernando, ne fremo anch'io, e pure non v'è che il vostro consenso a porgergli la mano, che possa far godere la pace ai popoli e mantenervi sul trono.

EMILIA.

Un tal consiglio, o Rodolfo, da voi solo avrei potuto ascoltare. Conosco quai siano le mie sventure, ma non giugneranno mai a tanto ch'io dia la mano di sposa a un traditore: con materno affetto amo i miei sudditi, bramo la loro pace, ma non già a costo di una viltà; questo vi basti, o Rodolfo.

ROSAURA.

Ma, Principessa........

EMILIA.

Tacete, Rosaura; scostatevi amendue; voglio esser sola.

RODOLFO *à part & en se retirant par une allée du jardin.*

Oimè! non veggo più che lutto e doglie!

ROSAURA *à part & en se retirant dans les appartemens.*

Quanto compiango la mia sovrana! l'amore non ascolta consigli.

SCENE II.

EMILIA.

Ses Dames qui se tiennent éloignées & les Gardes.

Dal timor de' miei sudditi comprendo qual' esser dee la mia sorte; già m'era nota prima che Lisi loro approdasse su queste sponde, e pure allora l'idea del morir non cagionava in me verun ribrezzo, ed ora perchè diversi pensieri? perchè tremo pensando che sull'aurora saranno estinti i miei giorni? Ah! ch'egli è vano il deluder me stessa; inutile fierezza!.. amo... lo se'io, e da questo dolce affetto nasce in me l'orror della morte. O numi, in che vi offesi mai! Ero già abbastanza oppressa; voi sollevate ancora e l'onde e i venti a mio danno; voi li costringete a trasportar su questo lido un' oggetto fatale, che mi si è impresso nel cuore per rendermi più doloroso l'uscir di vita. O Dei! in quant'aspre vicende avvolgete i miseri mortali!

Air.

* Siam navi all'onde algenti
Lasciate in abbandono,
Impetuosi venti
I nostri affetti sono;
Ogni diletto è scoglio,

---

* *La musique de cet air est de M. Duni; les paroles sont de Metastasio dans l'Opera de l'Olimpiade.*

Tutta la vita è mar
Ben, qual nocchiero in noi;
Veglia ragion; ma poi
Pur dall'ondoso orgoglio
Si lascia trasportar.

La ragione è pur troppo in me sommersa; sospiro e lo scopo de' miei sospiri non è più la mia sorte, ma Lisidoro; al suo garbo ben m'avvisai sul punto esser egli francese: ma qual'è la mia speranza? Jo non l'intendo, ed ei non mi capisce; si vidde mai più strano amore!.... Penso però.... sì, voglio che i sensi di Lisidoro mi siano palesi. Camilla la sua lingua intende; essa spiegar mi potrà i suoi detti; o là, venga Camilla (*à l'Officier des Gardes qui va chercher Camilla.*) Ma che so?... Forse vo ancor cercando nuove pene.... Qual sarà il mio cordoglio se il pensiero di Rodolfo trovasi vero!.... Mi è ancora più doloroso lo stare in dubbio.

SCENE III.

CAMILLA, *précédée de l'Officier & venant avec empressement*; EMILIA, *les Dames de sa Cour & les Gardes.*

CAMILLA.

Frettolosa vengo a vostri cenni, o Principessa.

EMILIA.

Vieni, o Camilla; la tua sovrana vuol svelarti il suo cuore; non ti dirò già qual sia la tua sorte d'aver la mia fiducia; educata in Francia aprendesti a conoscere il pregio d'ogni sentimento, d'ogni pensiero, e ciò mi basta. Ascolta, sia debolezza o destino, amo Lisidoro; voglio scoprire i suoi sensi; sarai tu l'interprete mia fedele; spiegami quanto midirà.

CAMILLA.

Tanta fiducia in me, o Principessa, mi commove a tal segno, che ne sento le lagrime agli occhi; sarò fedele a quanto il vostro cuore desidera. *à part.* Non, je ne sçaurois me résoudre à trahir Gernando; les attraits de sa figure, son esprit & ses générosités m'ont trop gagné le cœur.

EMILIA.

A un Garde. Vadasi dal Duce francese, e gli sia detto.... Ma ecco ch'egli esce dalle sue stanze. Oh Dio! Camilla, mi palpita il cuore vacilla il piede.

SCENE IV.

LISIDOR *suivi de ses Officiers*, **ARLEQUIN**, **EMILIA, CAMILLA,** *les Dames de la suite de la Princesse & les Gardes.*

LISIDOR *en sortant & au fond du Théâtre.*

O Ciel! voici la Princesse; quel trouble s'éleve dans mon ame! Que ferai-je? *d'un air embarrassé & d'une voix émue.* M'éloigner ce seroit manquer au respect; mais avec le désortre qui m'agite comment m'offrir à ses yeux!.; Je ne puis plus hésiter, elle m'a apperçu; la douceur de ses regards me donne quelque confiance. *à Arlequin.* Arlequin, sois à mes côtés; je te l'ordonne; écoute bien ce que la Princesse me dira, & sois mon fidèle interprète.

ARLEQUIN.

Oui, Monsieur. *à part.* Gloire, argent, bonheur de tout le monde, Dame d'honneur, soyez bien dans mon esprit; je suis perdu si vous sortez de ma mémoire.

Lisidor avance à pas lents; ses Officiers vont se mêler avec les Dames de la Princesse; mais sans se parler puisqu'ils ne peuvent pas s'entendre; ils se tiennent tous au fond du Théatre.

EMILIA à Camilla.

Più non temo, o Camilla; mi sento rasserenar l'anima; quel dolce e timido sguardo, quegl'interrotti sospiri m'empiono di speranza.

LISIDOR *avec passion & timidité.*

Pardonnez, Madame, si j'ai hésité de m'approcher; j'attendois quelle seroit votre intention; vos yeux me l'ont annoncé, que j'ai obéi avec joie! Mais quelle peine! lorsqu'il a fallu me soumettre à vos volontés & m'éloigner de votre présence. Vos bontés vous ont fait imaginer que j'avois besoin de repos, que j'ai été éloigné d'en prendre! je n'ai que trop éprouvé que lorsqu'on vous a vue, on ne peut plus former d'autre désir que celui de vous admirer.

EMILIA à *Camilla avec vivacité & impatience.*

Spiegami subito, Camilla; il mio cuore impaziente non soffre indugio.

LISIDOR *à part.*

Elle parle d'un air empressé à la personne qui est à côté d'elle.

CAMILLA *à Emilia.*

Lisidoro, o Principessa, vi rende nuove ed umili grazie d'averlo liberato dal furor della tempesta.

LISIDOR *à part.*

Cette personne répond & lui explique ce que je lui ai dit; qu'elle est heureuse d'avoir sa confiance & que je suis malheureux de ne pouvoir pas me faire entendre!

EMILIA *à Camilla.*

Ma le sue voci mi parvero susurrar all'orrecchio un più dolce suono di quel che dici.

CAMILLA *à Emilia.*

Egli è vero che rendendo grazie, ha frammesso qualche leggieruzza lode delle vostre bellezze, o Principessa; ma son queste parolette che i Zerbini francesi dicono per uso e non già per affetto.

LISIDOR *à part.*

Ses yeux ne sont plus si tendres; O Ciel, l'aurois-je offensée!

EMILIA *à Camilla.*

Ma che dirai de suoi occhi, ove scintilla amore? de'suoi atti, che mostrano timore ed ossequio?

CAMILLA *à Emilia.*

Quest'è ancora un loro naturale istinto, di

far parere amore negli occhi, umiltà nel contegno, benchè nul a provino.

Emilia regarde Lisidor avec attention ; Lisidor enchanté la regarde de même, ils restent suspendus l'un & l'autre quelques instants.

CAMILLA à part.
Je vois dans leurs yeux un langage trop doux & trop clair, cela me fait trembler.

ARLEQUIN à part.
Ma foi leurs yeux s'en disent trop, adieu mes espérances.

EMILIA.
A part. No' sì dolci sguardi fallaci esser non ponno, rispondasi. *Haut a Lisidor.*
Era superfluo, o Signore, il rendermi nuove grazie, mi sono però sempre gradite. Che se poi vi sta fisso in mente che mi siate debitore della vita, sarà in vostro potere il darmi un contrasegno di vera gratitudine, e sia quello, d'impegnarmi la vostra fede, che mai più all'onde e ai venti non fiderete i vostri giorni ; scorreteli in quest'isola, e siate certo che m'interessano più di quel che voi credete e forse più di quel che io vorrei.... *à part.* Ma che dissi ? Più pronte del volere mi ffuggirono le parole, quanto son confusa !

LISIDOR *avec transport.*
Ah ! quels doux sons ! quels regards ! quelle aimable confusion ! *à Arlequin.* Parle, que m'a dit la Princesse ?

ARLEQUIN *interdit.*
Elle a dit.... elle a dit.... la gloire....

le bien des peuples... eh! non, non, Monsieur; ce n'est pas celà *à part.* quel diable de *qui-pro-quo.*

LISIDOR *avec colere.*

Comment, malheureux! est-ce ainsi que tu l'as écoutée?

EMILIA *à Camilla avec joie & vivacité.*

Vedi con qual'ansietà ei chiede al servo la spiegazione de' miei detti; t'ingannasti, no', non è gli qual tu stimi; Lisidoro è un vero ed amabile francese.

ARLEQUIN *à Lisidor.*

Oui, Monsieur, je vais vous l'expliquer; le chagrin de n'avoir que peu de chose à vous dire m'avoit troublé l'esprit

LISIDOR *à Arlequin d'un air interdit.*

Comment peu de chose à me dire!

ARLEQUIN *à Lisidor.*

Oui, Monsieur, peu de chose. La Princesse vous a dit qu'elle vous remercioit de votre reconnoissance, qu'elle étoit bien aise de vous avoir sauvé la vie, & que vous pouviez, comme vous jugeriez à propos, rester dans cette Isle ou partir. *à part.* Allons, j'ai bien commencé, je tiens déja la gloire.

EMILIA *à part & en elle-même.*

I suoi occhi si oscurano, e perchè?

LISIDOR *d'un air encore plus interdit à Arlequin.*

Mais il y avoit plus de mots dans ce qu'elle m'a dit.

ARLEQUIN *à Lisidor.*

C'est que les paroles Italiennes sont plus longues. *à part.* Bon, l'argent est à moi, je le mets déja dans mes poches.

EMILIA

EMILIA *à part & en elle-même.*

Ma sempre più si affanna, e dovrebbe esultar di gioja.

LISIDOR *d'un air encore plus confus à Arlequin.*

Une réponse aussi froide ! mais regarde Arlequin, vois ses beaux yeux & dis-moi s'ils annoncent l'indifférence ?

ARLEQUIN *à Lisidor.*

Ah ! mon cher Maître que vous vous trompez ! les yeux des Italiennes sont tous menteurs. *à part.* Courage, voilà que j'ai fait le bonheur des peuples.

LISIDOR *à Arlequin.*

Non, je ne puis pas le croire; l'air & la contenance d'Emilie annoncent trop une noble candeur pour pouvoir s'y méprendre.

ARLEQUIN *à Lisidor.*

Bon, c'est précisément cette naïveté, qui paroît naturelle & qui est fausse, oui, cette naïveté perfide, qui rend les Italiennes plus dangereuses.

EMILIA *à part & en elle-même.*

Sempre più i suoi occhi si oscurano, è questa la risposta al mio grazioso invito ?

ARLEQUIN *à Lisidor.*

Enfin, Monsieur, ou vous voulez que je vous trompe ou que je vous parle vrai ; si je dois être sincere, je ne puis que répéter ce que j'ai déja dit. *à part.* Pour le coup tout est fini, j'aurai la Dame d'honneur, & moi, que serai-je ?... Je serai l'Homme d'honneur de la Princesse.

Lisidor est plongé dans la douleur & il tient les yeux baissés.

EMILIA.

Ben s'accorse del vero Rodolfo e schiettamente parlommi Camilla. Alla mestizia che nel suo volto è dipinta, veggo quanto l'ingrato paventa ch'io voglia malgrado suo ritenerlo in quest' isola; vada pure, sciolga le vele e non trionfi del mio dolore. *haut à Camilla.* Camilla, dirai à Lisidoro, ed in francese, ch'io non lo ritengo già, ch'ei può partire, che saria vano il prender da me congedo, che già qui lo ricevetti. *Emilia s'en va dans les appartemens sans regarder Lisidor; ses Gardes la précédent & ses Dames la suivent.*

SCENE V.

CAMILLA, LISIDOR, ARLEQUIN & les Officiers de Lisidor.

CAMILLA.

à part. JE triomphe; je vais bientôt instruire Gernando de mon heureux succès. *haut à Lisidor.* Monsieur, la Princesse m'a ordonné de vous dire que vous pouvez, sans nulle crainte de lui déplaire, mettre à la voile quand il vous plaira; elle vous dispense aussi de tout compliment de congé. Je crois m'être assez bien énoncée pour avoir obéi à ma Souveraine & pour que vous m'ayiez entendu. *Elle lui fait une profonde révérence.*

ARLEQUIN *en courant après Camilla.*
Mais si mon maître part....
  CAMILLA *à Arlequin.*
Ne le suis pas ; je suis contente de toi ; tu auras tout ce que je t'ai promis. *Elle lui donne la main un instant, & elle entre avec empressement dans les appartemens de la Princesse.*

SCENE VI.

LISIDOR, ARLEQUIN & *les Officiers de Lisidor.*

  LISIDOR *à part.*

JE ne puis plus en douter, Arlequin m'a dit vrai.... & j'aime encore ! Ah ! Emilie, il faut donc me résoudre à penser que tout n'est en vous qu'imposture ; je ne puis me refuser à la vérité, & il me semble encore que je vous offense. *Il reste plongé dans la rêverie.*
  ARLEQUIN *à part & en pleurant.*
Mon Maître me fait pitié ; il est vrai que bientôt je ne serai plus à lui, car je serai maître moi-même, mais je ne suis pas moins fâché de le voir désespéré..... Qu'il faut essuyer de peines pour avoir de la gloire, de l'argent & une jolie femme ! Car à l'égard du repos de la Princesse & de ses peuples, ma foi, cela m'est indifférent. A propos, je devois faire aussi le bonheur de Lisidor ; ce bonheur n'a pas bonne mine ; il commence bien tristement.

LISIDOR.

Oui, je partirai, je vais donner mes ordres. Je n'ai été conduit par le sort dans cette Isle, que pour y éprouver tous les tourmens de l'amour ; la douleur aura bientôt éteint mes jours. O Ciel ! conserve ceux d'Emilie, & que nulle inquiétude n'altére jamais ses charmes.

Air :

Amour, fais-moi souffrir encore,
Mais n'offre que douceurs à celle que j'adore ;
   Tu tiens de la beauté
   Ta puissance suprême,
   Tu dois veiller toi-même
   A sa félicité.

Lisidor s'en va suivi de ses Officiers ; il descend l'escalier avec eux & ils entrent tous dans les vaisseaux.

SCENE VII.

ARLEQUIN *seul.*

IL est bien désolé.... mais je vois la Princesse & Rodolfo dans cette allée de charmille ; la Princesse est sans suite, & Rodolfo est en uniforme.... Ils ont tous les deux l'air triste & même affligé ; si tout le monde est au désespoir, où est donc le bonheur que je dois faire ? Camilla m'auroit-elle trompé ; oh ! une Dame d'honneur ! je veux pourtant.... Les voilà qui s'approchent : je les écouterai ; les Gardes qui sont aux portes ne m'obferveront pas, ils sont trop loin, & je me ferai si petit qu'ils ne pourront pas me voir.

SCENE VIII.

EMILIA, RODOLFO & ARLEQUIN
qui se cache derriere le pannier de la Princesse, & qui pendant la Scene prend différentes postures pour se cacher & pour entendre.

RODOLFO.

Sì, Principessa, ecco le sventure da me pur troppo previste. Il perfido Gernando raduno le sue schiere; n'ebbi aviso; già varcò il fiume che divide il vostro stato da quello ch'egli usurpò; sarà fra poch'ore vicino alla Capitale. Qual riparo a tanta sciagura! Manca il coraggio nelle vostre squadre; morì il loro sovrano, il loro duce, tramandava egli negli animi il suo valore. Esporrò i miei giorni, la gratitudine l'esigge, lo comanda il dovere: chiamasi acquisto il perder la vita in favor del suo sovrano; ma l'averla perduta a che gioverà? Meno esposta non savete, o Principessa, ai risentimenti del perfido: inasprito dal vostro rifiuto, non avrà più ritegno il suo furore. Sviate il turbine, che vi sovrasta; è fatale il sagrificio; ma pel bene de' sudditi, a qual' obligo non è astretto il Regnante.

ARLEQUIN *à part & caché.*

Ah ! j'entens à préfent ; oh ! la jolie Dame d'honneur comme elle m'a trompé !

EMILIA.

Sempre ravviso in voi, o Rodolfo, la stessa fedeltà ; poichè deluso siete dal vostro zelo a segno di non scorgere che la richiesta della mia mano, non fù che una nuova insidia di Gernando. Non cercò egli tenerci a bada di parole che per aver tempo di ragunare il suo esercito : evidente è la prova, poichè non aspettò la riposta del mio intento.

ARLEQUIN *à part & caché.*

La Princesse a raison ; ce Gernando est un grand scélérat.

RODOLFO.

Non mandaste, egli è vero, o Principessa, a dargli aviso del vostro intento, ma già sa qual sia ; traditori non mancano nelle corti. Cangiate, o Principessa, cangiate pensiero ; andrò io stesso a Gernando e l'accerterò del vostro assenso all'imeneo.

ARLEQUIN *à part & caché.*

Pauvre Princesse, elle seroit la femme d'un traître !

EMILIA.

No', Rodolfo, non pensate ch'io vi consenta ; frangerebbe il perfido le più sacre leggi e vi farebbe suo prigioniero.

ARLEQUIN *à part & caché.*

Elle a raison ; il faut s'attendre à tout d'un méchant.

EMILIA.

Non consentirò mai a strignere sì orridi lacci ; siano implorati gli Dei, e poi si tenti la sorte dell'armi.

ARLEQUIN *à part caché & en tremblant.*

Des combats ! ah ! la peur me prend.

RODOLFO.

Già schierai l'esercito.

EMILIA.

Mi presenterò alle mie schiere ; l'asprezza del mio destino, ravviverà in loro la pietà e il valore. Se poi soccomber conviene, non sarò io già l'ultima a provar la sorte de' miei sudditi : farò conoscer loro come un' anima forte si sottra e dal giogo d'un tiranno.

Emilia s'en va dans les appartemens & Rodolfo par une allée.

SCENE IX.

ARLEQUIN *seul.*

Quel vilain pays ! Ici les méchans sont heureux, & les bons sont malheureux ; il n'y a pas grand mal que cette isle soit inconnue ; cependant à parler vrai, j'ai vû ailleurs à-peu-près la même chose. Des combats ! Le mot seul me fait trembler. Mon Maître est trop prudent pour.... Oui, mon Maître, il ne l'étoit pas tout-à-l'heure dans mon esprit, & à présent je suis trop heureux qu'il le soit encore. Adieu la gloire, l'argent & mon beau mariage. Je vois bien à présent que cette méchante de Camilla favorise ce scélérat de Gernando. La Princesse dit qu'elle mourra plutôt que de l'épouser ; j'ai bien peur que cela ne lui arrive, car ce traître lui battra ses troupes ; les méchans ont tant de ressources ! cependant ils sont rossés aussi quelquefois. Enfin, si la Princesse veut mourir, ne mourons pas nous. Mon Maître n'a pas besoin de se mêler des affaires des autres ; je l'ai trahi, mais je n'en suis pas fâché ; je le connois, s'il avoit sçû que la Princesse l'aime, il l'auroit défendue ; & nous aurions aussi été battus, car c'est inutile, je crains ce Gernando. Cependant je ne veux plus être infidéle à mon Maître ; je lui dirai tout ce que j'ai entendu ; je vais l'attendre dans les appartemens, il y viendra. Je ne me fierai jamais plus à aucune femme qui se dira Dame d'honneur ; je craindrai toujours qu'elle ne perde de vûe le sien en voulant se mêler de celui des autres.

Fin du second Acte.

ACTE III.

SCENE PREMIERE

LISIDOR.

Qui sort d'un vaisseau & qui monte l'escalier, n'étant suivi que d'un seul Officier ; il s'arrête au fond du Théâtre, & il fixe les yeux du côté où est la porte des appartemens de la Princesse.

JE ne verrai donc plus Emilie ; comment résister au tourment qui m'agite. *Il s'avance sur le devant du Théâtre.* Que les hommes sont malheureux ! Faut-il que l'Amour même, oui, cette passion destinée pour faire notre bonheur, devienne souvent en nous un feu dévorant qui détruit notre existence !

SCENE II.

ARLEQUIN & LISIDOR.

ARLEQUIN *rêveur, la tête baissée, en sortant de l'appartement de Lisidor & sans le voir.*

MOn Maître ne revient pas ; je me meurs de frayeur si nous ne partons pas tout de suite.... Ah! le voilà. *Il court auprès de Lisidor.*

LISIDOR *plongé dans ses réflexions, portant ses pas de côté & d'autre & sans voir Arlequin.*

Je n'ignorois pas que les femmes sçavent se déguiser; mais qu'une jeune personne cache un cœur faux sous des traits si nobles, sous un air aussi naïf, c'est ce qui me paroît incroyable, quoique j'en sois convaincu.

ARLEQUIN *en suivant Lisidor.*

Monsieur.

LISIDOR *sans voir Arlequin.*

J'en suis convaincu! mais comment le suis-je? mon cœur se révolte contre moi & m'accuse d'injustice.

ARLEQUIN *qui en se jettant aux genoux de Lisidor, l'arrête.*

Ah! Monsieur, écoutez-moi.

LISIDOR.

Que veux-tu? leve-toi.

ARLEQUIN.

Non, Monsieur, je ne me leverai pas; promettez-moi que nous allons partir tout-à-l'heure.

LISIDOR.

Mes ordres sont donnés; les Pilotes m'ont assûré que nous pourrions demain mettre à la voile au lever de l'aurore.

ARLEQUIN.

Nous serons perdus avant ce tems-là, & l'aurore n'éclairera plus que des morts qui n'y verront goute.

Lisidor.
Que veux-tu dire ? leve-toi ; je te l'ordonne.
Arlequin se leve.

Arlequin.
Oui, Monsieur, je vais tout vous raconter ; car j'ai tout entendu.

Lisidor *avec surprise.*
Comment ! qu'as-tu entendu ?

Arlequin.
D'abord, Monsieur, il y avoit autrefois un Americus, une flotte, des nations & un Polidoro, qui avoit un vaisseau chargé d'Italiens ; les vents en colère contre lui le jetterent lui & ses Italiens dans cette isle ; & voilà pourquoi nous sommes dans la Nouvelle Italie.

Lisidor.
Voilà un commencement fort peu intelligible.

Arlequin.
Pardonnez-moi, Monsieur, cela est clair ; mais ce n'est pas là l'essentiel.

Lisidor *avec impatience.*
Eh bien, continue donc.

Arlequin.
Voici ce que m'a dit un Officier de la Princesse. Il y a sept ans que les vents jouerent le même tour à Rodolfo & à un certain Gernando, qui est bien le plus grand coquin qu'il y ait jamais eu ; ils pousserent leur vaisseau dans cette isle. Polidoro reçut à bras ouverts ce méchant Gernando, Rodolfo, Rosaura sa fille & Camilla suivante de Rosaura..... A propos, c'est Camilla qui vous a donné votre congé.

LISIDOR.
Continue; je commence à t'entendre.
ARLEQUIN.
Gernando étoit un fin matois; il gagna l'esprit de Polidoro; apparemment que ce Prince n'en avoit pas beaucoup; car il donna sa confiance à ce méchant homme, & ce qui est encore pis, il lui donna tout à gouverner. Gernando, en vrai scélérat gouverna pour lui-même, & un beau matin ce traitre souleva une partie des troupes & du peuple & se rendit maître de la moitié de l'Isle.

LISIDOR *à part d'un ton surpris & indigné.*
Qu'entens-je!
ARLEQUIN.
Polidoro, enragé de se voir la dupe, chercha Gernando pour le combattre; les combats ne déciderent de rien; il fallut enfin laisser à ce voleur tout ce qu'il avoit pris, & le pauvre Polidoro en mourut de chagrin il y a deux ans.

LISIDOR *à part d'un air encore plus irrité.*
Quelle horrible trahison!
ARLEQUIN.
Mais nous voilà, Monsieur, tout-à-fait à l'essentiel. Quand vous êtes descendu pour donner vos ordres aux vaisseaux, j'ai resté, moi, car je n'avois rien à leur dire... J'ai vu.... j'ai vu...

LISIDOR *d'un ton d'impatience.*
Eh! bien qu'as-tu vu?
ARLEQUIN.
J'ai vu la Princesse & Rodolfo qui sortoient de cette allée de charmille; je les ai vu tous les deux bien tristes; la curiosité m'a pris; j'ai vou-

tu sçavoir ce qu'ils se disoient & voici ce que j'ai entendu ; oui, Monsieur ce que j'ai entendu.

LISIDOR *encore plus impatienté.*

Dis donc ce que tu as entendu ?

ARLEQUIN.

Oui, Princesse, disoit Rodolfo ; le coquin de Gernando a rassemblé ses troupes ; les vôtres ne valent pas grand chose ; leur Souverain est mort ; lui seul par son exemple les rendoit braves ; moi, je périrai volontiers ; mais à quoi vous servira ma mort ? Gernando ne tuera pas moins tout le monde ; & vous même, Princesse, je ne sçai pas ce qu'il vous arrivera ; car il est furieux contre vous de ce que vous ne voulez pas l'épouser.

LISIDOR *à part & d'un ton fort irrité.*

Quelle audace inconcevable !

ARLEQUIN.

Ah ! Madame, épousez-le ; une Princesse doit tout épouser pour le bien de ses Etats. La Princesse a répondu qu'elle étoit résolue de mourir plutôt que de donner la main à un scélérat ; Rodolfo lui a dit que, puisqu'elle le vouloit ainsi, il alloit se mettre à la tête des troupes ; il n'ira pas loin, car Gernando est près de la Capitale, & nous y sommes, Monsieur, dans cette Capitale. Tout le monde a peur ; moi je n'ai pas peur, mais je tremble. Partons, Monsieur, partons ; vous n'avez que faire dans tous ces débats, partons tout de suite.

LISIDOR *d'un ton doux pour ne point effrayer Arlequin.*

Dis-moi, Arlequin, & sois sincere ; l'interprétation que tu m'as faite des sentimens de la Princesse a-t-elle été vraie, exacte ; je te pardonne, si tu m'en as imposé ; mais dans ce moment-ci je veux sçavoir la vérité.

ARLEQUIN.

Oh ! oui, Monsieur, je ne vous ai dit que la vérité. *à part.* Je n'ai garde de lui parler autrement.

LISIDOR *avec feu. Arlequin recule de frayeur.*

Pardonnez, justes Dieux, si j'ai murmuré contre vous ! je connois à présent l'équité de vos décrets ; vous m'avez conduit dans ce climat pour protéger l'innocence & punir la perfidie. *à l'Officier.* Que mes soldats débarquent & qu'ils viennent promptement.

L'Officier court exécuter les ordres de Lisidor.

ARLEQUIN *désespéré.*

Je suis perdu, je suis mort.

LISIDOR *avec passion.*

Ah ! Emilie, Princesse infortunée, vous connoîtrez ce que peuvent l'amour & la générosité dans le cœur d'un François. Si je succombe, heureux trépas, puisque je périrai pour vous ; si je vous venge, je ne vous laisserai pas le tems de rougir de votre indifférence pour moi ; je partirai à l'instant même ; mais du moins avec la douce satisfaction de vous laisser quelques regrets de n'avoir pu répondre à mon amour.

Les troupes de Lisidor au son de leur marche montent l'escalier en pressant leurs pas ; à peine sont-elles rangées qu'on entend le son d'un autre marche.

ARLEQUIN.

Ah ! je me meurs ; voici Gernando. *Il court*

pour se sauver & il rencontre Rodolfo qui arrive à la tête des troupes de la Princesse ; il rebrousse chemin & il se sauve du côté de Lisidor.

SCENE III.

RODOLFO *à la tête des troupes de la Princesse.*
LISIDOR *à la tête des siennes & Arlequin.*

ARLEQUIN.

C'Est, c'est lui. *Il regarde attentivement.* Non, ce n'est pas lui ; mais il n'arrivera que trop-tôt.
Lisidor & Rodolfo se saluent réciproquement.

LISIDOR.

Arlequin, dis au Général de la Princesse que tu vas lui expliquer ce que j'ai à lui proposer.

ARLEQUIN *en tremblant.*

Ah ! Monsieur.

LISIDOR.

Obéis & ne replique pas.

ARLEQUIN *à Rodolfo.*

Signor Rodolfo, il mio Padrone mi comanda d'esser suo interprete.
Rodolfo par un signe & une révérence fait entendre qu'il est prêt à écouter.

LISIDOR *à Rodolfo.*

Seigneur, laissez-moi la gloire de venger la Princesse & de punir un traître.

ARLEQUIN *à Rodolfo.*

Signore, lasciatemi la gloria di vendicar la Principessa e di punire un traditore.

LISIDOR *à Rodolfo.*

Vous devez y consentir ; puisque le Ciel paroit l'avoir ordonné en me faisant aborder malgré moi dans cette Isle.

ARLEQUIN *à Rodolfo.*

Dovete volerlo, giacchè il Cielo l'a voluto, facendomi venire in quest' isola a cavallo di una tempesta.

RODOLFO *à Lisidor.*

O generoso Duce, cedo al volere degli Dei. *à Arlequin.* Spiega al tuo Padrone.

ARLEQUIN *à Lisidor.*

Comment, Monsieur, il faut aussi que je sois son interpréte.

LISIDOR.

Obéis.

ARLEQUIN *à Lisidor.*

O Général rempli de générosité, je céde à la volonté du Ciel.

LISIDOR *à ses troupes d'un ton noble & d'un air martial.*

Fidéles compagnons, dont la valeur a prouvé tant de fois que vous étiez nés François, une Princesse, qui vous a sauvé du naufrage, est opprimée par un rebelle infâme; il ose porter l'audace jusqu'à vouloir forcer sa Souveraine de lui donner la main, & il menace d'entrer dans ce Palais par le fer & le feu. Consentirez-vous que l'on commette à vos yeux un attentat aussi horrible? (*Les troupes par leur air & leurs signes font sentir leur indignation.*) Non, vous n'y consentirez pas. (*avec feu & rapidité.*) Je le vois au courroux qui vous anime ; vengez les droits d'une Souveraine, punissez la perfidie.

Air.

Air.

Je t'implore, Dieu des combats;
Entens nos vœux, conduis nos pas;
Reconnois un peuple intrépide,
Soutiens son bras & sois son guide.

Après l'air.

Marchons au combat & à la victoire. *Lisidor & ses troupes partent en pressant leurs pas au son de leur marche; Arlequin se sauve dans les appartemens de Lisidor.*

RODOLFO.

In tanta generosità comincio a scorgere un raggio del favor degli Dei; vadasi dalla Principessa per dirle... ma eccola che a noi giunge.

SCÈNE IV.

EMILIA, ROSAURA, CAMILLA, RODOLFO *& les troupes de la Princesse.*

EMILIA *sortant avec empressement & sans regarder le Port.*

Fra il suono guerriero delle mie schiere, intesi anche il suono di quelle del Duce Francese; spiegò dunque Lisidoro le vele al vento.

RODOLFO.

No', Principessa. (*Emilia regarde le Port & voit encore les vaisseaux.*) Mi trasportano lo stupore e la gioja; partì il generoso Duce ma per combatter Gernando.

EMILIA.

O Dei clementi, che ascolto!

ROSAURA.

O che inudita generosità!

CAMILLA *à part.*

Ce jeune téméraire s'en repentira; Gernando remportera la victoire, & la Princesse sera enfin de donner la main au vainqueur.

RODOLFO.

Mi pregò il Duce di non seguirlo; non volli sul punto contrastar alla sua brama; ma sarò ben presto alla di lui traccia per secondare tanto valore.

EMILIA.

Pronto seguite, o Rodolfo. *aux troupes.* Andate, o miei fidi; sia vostra scorta un sì grand'esempio di generosità; sì, o valorosi, partite.

Rodolfo & les troupes partent au son de leur marche avec joie, fermeté & en pressant leurs pas.

SCENE. V.

EMILIA, ROSAURA, CAMILLA
& ensuite ARLEQUIN.

EMILIA.

O Eroica nazione! Dunque la sola generosità può tanto in un cuor francese! Ciò che mi compartì natura, non ebbe in Lisidoro verun potere; ma lo mossero a pietà le mie sventure; e pure parmi nel seno una voce ascoltar che mi lusinga il pensiero. (*elle tire à part Camilla.*) Ascolta, Camilla, di francia da fanciulla uscita, forse non ti sta più in mente tutta la favella francese. So per dimenticanza male interpretasti non è tua colpa ; se per qualche motivo tu m'ingannasti io ti perdono : ma dimmi ora il vero e pensa che sono la tua sovrana.

CAMILLA

Ah ! Principessa, qual dubbio è questo ? Io tradirvi ! In quanto alle voci francesi tutte le capisco ancora ; no', non errai Signora, io dissi il vero. *à part.* Gernando triomphera le cœur me le prédit.

EMILIA *à part.*

Vane lusinghe ; ro', non mi ama Lisidoro ; ama sol la sua gloria e per essa sola ei mi difende ; trionferà, sì, lo spero ; ma che farò io per esser grata a tanto favore ? Il mio cuore esser potea una degna mercede. O Emilia infelice ! Il tuo destino ti vuole, come dall'amor lo sei, anche da benefici oppressa.

On entend de loin un bruit d'armes à feu.

ARLEQUIN *en sortant tout effrayé des appartemens de Lisidor.*

Oh ! tout est perdu nous sommes sûrement battus ; ayez pitié de moi, Seigneur Gernando ; pardon si j'ai dit que vous étiez un scélérat ; je me suis trompé ; puisque vous êtes le plus fort, oui, vous êtes un honnête homme.

Camilla veut le rassurer il la rebute, il court tantôt à une porte, tantôt à une allée, tantôt sur l'escalier ne sçachant où se sauver.

EMILIA.

Per me ora si combatte ; gli uni stimola la gloria, gli altri il dovere, ed altri dal furor sono

d ij

spirti; ma intanto si sparge il sangue umano e per me si versa; a sì funesto pensiero mi sento lacerar l'anima... e se mai a Lisidoro tanta generosità costasse la vita.... morrei sul punto istesso, al primo aviso.

Le bruit d'armes cesse.

ARLEQUIN.

On ne se bat plus tout est perdu; mon maître est mort.

CAMILLA *à part.*

Le combat n'a pas été long; je reconnois en cela la valeur de Gernando & la fortune qui l'a toujours secondé.

ROSAURA *en appercevant Rodolfo qui vient par une allée.*

O Dei siam perduti : ecco mio Padre e solo.

SCENE VI.

RODOLFO, EMILIA, ROSAURA; CAMILLA & ARLEQUIN.

RODOLFO.

Vinceste, o Principessa.

EMILIA.

Vive il mio diffensore?

RODOLFO.

Si, Principessa, e glorioso vive.

EMILIA.

Una troppa gioja m'inonda il seno; contenerla non può l'oppresso mio cuore.

Elle s'appuye sur Rosaura.

ROSAURA.

Ah! Principessa, quanto gioisco al vostro gioire.

RODOLFO.

Al valoroso Lisidoro tutta è dovuta la vittoria.

ARLEQUIN *en faisant un saut d'un air fier.*

Couronnez-moi de lauriers; c'est nous qui avons remporté la victoire. *Il regarde fiérement Camilla & s'en va par une allée au devant de Lisidor.*

RODOLFO *avec chaleur & rapidité.*

Mosso dal mio zelo e dall'ardor delle vostre schiere precipitammo i passi; ma i veloci francesi tanto ci avean precorso, che da lungi viddi sul punto istesso il loro arivo e la pugna accesa. Furon anche più pronte al corso le vostre squadre, spinte da un'emula virtù, ma indarno. Lisidoro del fulmine più pronto sconvolge il ribelle stuolo, assale il traditor Gernando, lo rincalza, l'abbatte, e l'empio esala ai piedi del vincitore l'anima rea. Arivammo sul punto istesso, ma già era sconfitto l'esercito ribelle, & il vostro, o Principessa, non giunse che per far de' fuggitivi un'orrida strage.

EMILIA.

Ne sento pietà, erano ribelli, ma pur furono miei sudditi.... Viene il vincitore?

RODOLFO *d'un ton animé & qui fait sentir la joie.*

Raccolse in ordinanza le sue e le vostre schiere; io sollecito venni, o Principessa, a recarvi il felice annunzio; ma viddi, che il popolo dalla città uscito, che porta al vincitore e lauri, e fiori, e palme, che lo circonda festeggiando, gridando, che l'ammira, che esulta, tratteneva i

suoi paſſi; e queſta ben giuſta letizia e la corteſe
sua corriſpondenza, tarderanno il ſuo arivo.

CAMILLA *à part.*

Hélas! Gernando a péri; mes projets sont an-
néantis; mais enfin je n'ai pas tout perdu *en montrant la poche où eſt l'écrain.*

RODOLFO *à part & en regardant Camilla.*

Veggo nel viſo di coſtei ſegni di meſtizia;
O Cielo! qual ſoſpetto mi naſce in ſeno; fremo di ſdegno.

EMILIA.

Troppo eſulta il mio cuore... Il vincitore ancor non viene!... ma allorchè giugnerà come
ſcoprirgli i grati miei ſenſi, l'immenſo mio godere?... Ei non m'intenderà; ogni ſpiegazione è
vana... Ma, o numi, tanta gioja è penoſa!....
amor, tu che m'accendi, tu porgimi aita, te
ſolo imploro.

ROSAURA.

Ma, Principeſſa, ſia più moderato il voſtro
giubilo, temo vedervene oppreſſa.

EMILIA.

Laſciami, amica; ſon fuor di me rapita.

Récitatif accompagné par les inſtrumens.

* Amor, tu che ravvivi
Colla divina face
Il Ciel, la Terra, e l'Onde,
Che ſi rari portenti oprar ſapeſti;
Tu, che a più rozzi petti

---

* *La muſique du Récitatif eſt de M. Rigade, celle de l'air
eſt de Traetta.*

Inspiri a tuo voler sensi sublimi;
A me tu spira le natie voci
Del Vincitor, che adoro;
Ei m'amerà, se in dolce sua favella
Potrò, come in te spero,
Palesargli il mio cor, il mio pensiero.

Air.

No che sordo a'voti miei
Non sarai, nume adorato;
Reggi tu la sorte, il fato,
Tutto pende al tuo voler
Si, t'an mosso i prieghi miei;
Già ti sento nel mio cuore;
Si, un nuovo divino ardore
Già scintilla al mio pensier.

Après l'air Emilia reste suspendue un instant.
Ma da quai strani pensieri mi lascio trasportar?
E pure un non so che provo nell'alma, che in un sol punto mi opprime e mi ravviva .... anzi parmi sentire sul volto istesso un'insolito ardore ... *Elle court à une fontaine & s'y regarde.* Oh Dei! nè', non m'inganno brilla negli occhi miei la face del nume che implorai. *Elle court à l'autre fontaine.* Si, veggo sulle gote e sulle labra porporine rose che mai più non mirai. *Elle revient au milieu du Théâtre.* Ah! Emilia, che pensi? che vaneggi? ti delude il tuo affetto; lasciam queste vane idee; vadasi ad incontrar Lisidoro, e sia questo il primo contrasegno della nostra gratitudine. *On entend de loin des instrumens de guerre qui annoncent l'arrivée de Lisidor.* Ecco ch'ei giunge; o amore! sia vero quanto mi figurai; vieni,

d iv

dammi ancor nuovi vezzi, spirami nuove attrattive, e dalla tua dolce fiamma sia vinto il vincitore.

La symphonie guerriere recommence & on l'entend de plus près.

SCENE VII. & derniere.

LISIDOR, *précédé des troupes de la Princesse, suivi des siennes qui portent des trophées pris sur les rebelles, de prisonniers & d'habitans de l'Isle en hommes & en femmes de tout état, qui tiennent à leurs mains, les uns des branches de lauriers, les autres des palmes, & d'autres des bouquets de fleurs pour honorer le vainqueur.* EMILIA, RODOLFO, ROSAURA, CAMILLA & ARLEQUIN. *Dames & Gentilshommes de la Princesse qui sortent des appartemens.*

LISIDOR *au fond du Théatre.*

Ah! voici Emilie! quels nouveaux attraits l'embellissent encore! *Il s'avance près d'Emilie.* Princesse, vous êtes vengée; le perfide Gernando a expiré sous mes coups; tout vous est soumis dans cette Isle, & les peuples qui ont été rébelles, implorent votre clémence.

EMILIA *en regardant Lisidor.*

Quanto egli è degno dell'amor mio! Veggo che m'anunzia la sua vittoria, ma con un modesto contegno, come se l'avermi difesa fosse stato obligo e non generosità.

Lisidor.

Mais, Madame, j'apperçois dans vos yeux & dans votre contenance l'expression de la reconnoissance la plus vive; non, vous ne m'en devez point; connoissez-moi; le motif qui m'a conduit au combat n'a pas été aussi généreux que vous le pensez; je ne puis plus résister à mon amour, comment aurois-je pû me défendre de tant de charmes?

Emilia.

Oh! che gioja sento nell'alma! Certo mi parla egli d'amore, *amour, amore*. Camilla accostati vieni, spiega. *Camilla s'approche d'un air interdit.* Ma perchè sei tu timida e smarrita?

Camilla *en feignant de la joie.*

No', Principessa, anzi son fuor di me stessa per la tropp'allegrezza.

Emilia.

Parla, che disse Lisidoro?

Camilla *d'un air embarrassé & en cherchant les mots.*

Che non già la sola generosità lo mosse a combatter i ribelli.... che le vostre bellezze..... che il suo cuore...

Emilia.

Che modo di spiegare; mi fai morire con questa lentezza.

Lisidor.

Oui, Madame, dès le premier instant que je vous ai vûe, je suis devenu le plus zélé de vos sujets; il étoit donc de mon devoir de vous défendre.

EMILIA *à Camilla avec impatience.*

Dimmi ora, spiega come puoi, ma subito.

CAMILLA *d'un air encore plus embarrassé.*

Dice che sommesso all'impeto di tanta beltà...

LISIDOR *avec vivacité.*

Pardonnez, Madame, pénétré des sentimens que vous m'inspirez, & que je ne puis plus cacher, j'oubliois de vous remettre (*Il cherche dans ses poches.*) un papier écrit, que je crois une lettre & qu'on a trouvé dans les dépouilles du perfide Gernando. *Il donne la lettre à Emilia.*

EMILIA *en prenant la lettre.*

Che foglio è questo?

CAMILLA *à part.*

O Ciel! je suis perdue!

EMILIA *en ouvrant la lettre.*

Che veggo? Questo foglio, Camilla, è da tua mano vergato; impallidisci.... Ah! perfida!... Leggasi. *Emilia lit haut la lettre.*

Venite pronto, Signore, colle vostre schiere; io tutta vostra per genio e per tanti ricchi doni, da voi ricevuti di un' impaccio vi libererai.

Emilia regarde Camilla avec des yeux irrités.

RODOLFO.

Oh! che orrido tradimento!

EMILIA *en continuant à lire.*

Un certo Lisidoro, General francese, qui approdò questa mane colle sue schiere; s'invaghì la Principessa della sua leggiadria, egli delle sue bellezze, e in pochi istanti divenne fiamma questa sorpresa de' loro cuori.

Emilia regarde tendrement Lisidor & en souriant. Lisidor est enchanté de cet agréable sourire ; mais il ne sçait que penser en voyant Camilla confuse & tremblante, Rodolfo & Rosaura pénétrés de tristesse, & Arlequin dans un coin qui se couvre de son chapeau, & qui voudroit pouvoir se dérober à la vue de tout le monde.

EMILIA *en continuant à lire.*

Per buona sorte, *Elle continue à voix basse :* Oh ! che nera perfidia ! *Elle finit en lisant haut les derniers mots,* Fingendo amore ed ossequio, sì, la sua mano otterrete.

ROSAURA *d'un air affligé.*

Ah ! mia sovrana, inorridisco a tanta perfidia, e temo....

RODOLFO *d'un ton pénétré de tristesse.*

Principessa, fremo a un sì gran delitto ; mi reca rossore a me stesso, e non ardisco....

EMILIA.

Io non confondo il reo coll'innocente ; conosco d'amendue il zelo e la fedeltà ; anzi mi siete anche piu cari ; ma quest'empia. *Camilla se jette aux genoux de la Princesse ; Emilia rêve un instant.* Sorgi. *Camilla se leve.* Rasciuga il tuo pianto, no', funestar non voglio un sì felice giorno, io ti perdono, e la sola pena al tuo delitto sia di spiegare la tua lettera à Lisidoro. *Emilia donne la lettre à Camilla.* È tu. *à Arlequin qui voudroit s'esquiver.* Accostati, odi se esatto sarà il suo spiegare, e questa sia l'emenda al tuo fallo.

Arlequin s'approche de Camilla ; il cherche à se dérober par ses postures à la vue de Lisidor.

Emilia en faisant approcher Lisidor de Camilla.

Ascoltate, Signore.

Camilla explique la lettre haut, d'une voix tremblante, entrecoupée de soupirs & qui annonce le repentir & la confusion.

Venez promptement, Seigneur, avec vos troupes; attachée à vos intérêts par inclination & par la reconnoissance de vos générosités, je vous ai délivré d'un fâcheux contre-tems.

ARLEQUIN.

Oui, d'un fâcheux contre-tems; c'est fort bien.

CAMILLA.

Un certain Lisidor, Seigneur & Général françois, a abordé ce matin sur ce rivage.

ARLEQUIN.

Sur ce rivage; c'est encore bien.

CAMILLA.

Les agrémens de sa figure ont charmé la Princesse; il a été ébloui de sa beauté, & la surprise de leurs cœurs en peu d'instans est devenue la passion la plus vive.

ARLEQUIN.

La plus vive; bien interpreté.

Lisidor hors de lui-même témoigne à la Princesse, par son air & par ses gestes, ses transports & sa joie.

CAMILLA.

Par bonheur il s'est trouvé au service de Lisidor un homme singulier de figure & foible d'esprit, qui est le seul parmi ces François qui entende l'Italien. *Arlequin se concentre en lui-même & voudroit pouvoir disparoître.* Je l'ai flatté par de vaines espérances, & il a fortement consenti à ce que je désirois.

ARLEQUIN.

Oui, sottement. *à part* Ah! la coquine!

LISIDOR *à Arlequin.*

Ah! malheureux!

La Princesse fait signe à Lisidor d'écouter.

CAMILLA.

Ainsi trompés l'une & l'autre par nos fausses interprétations, la Princesse m'a ordonné de dire à Lisidor que son intention étoit qu'il partît, & Lisidor va bientôt faire mettre à la voile.

ARLEQUIN.

Oui, à la voile; bien expliqué.

CAMILLA.

Venez; le cœur de la Princesse est outré de dépit, il vous sera facile de l'engager à d'autres sentimens; & en feignant de la soumission & de l'amour, oui, Seigneur, vous obtiendrez sa main.

ARLEQUIN

Sa main; c'est à merveille.

LISIDOR *en se jettant aux genoux d'Emilie.*

Ah! Madame, un si grand bonheur me ravit hors de moi-même, je me meurs à vos pieds.

EMILIA *en faisant relever Lisidor.*

Siate contento, sì, vi amo. *à Camilla.* Dimmi in francese.

CAMILLA *bas à Emilia.*

Soyez satisfait, oui, je vous aime.

EMILIA *en répétant haut à Lisidor.*

Soyez satisfait, oui, je vous aime. *à Camila.* Vi devo la mia corona.

CAMILLA *bas à Emilia.*

Je vous dois ma couronne.

EMILIA *en répétant haut à Lisidor.*

Je vous dois ma couronne. *à Camilla.* Ma tanto favore mi saria indifferente se con voi non fosse diviso.

CAMILLA *bas à Emilia.*

Mais ce bienfait me seroit indifférent, si je ne le partageois avec vous.

EMILIA *en répétant haut à Lisidor.*

Mais ce bienfait me seroit indifférent, si je ne le partageois avec vous.

ARLEQUIN *à part.*

Oh! que l'Amour est un habile maître! La Princesse a prononcé comme si c'étoit moi qui lui eût enseigné.

EMILIA.

à Lisidor. Già il cuore è vostro, ecco la mano. *Elle donne la main à Lisidor, & se retourne ensuite par parler au Peuple.* Popoli, ecco il vostro Principe; dal suo valore comprendeste qual sia, e dal soave freno del suo regno, comprenderete anche più qual è il favore che vi concedono gli Del. *Aux Troupes Françoises.* E voi, valorosi Francesi, che dalla tyrannide liberaste questo stato e me stessa, abbastanza spiccò il vostro coraggio, godete il riposo; sia quest'Isola ormai una nuova vostra Patria; ecco il mio sposo, ecco il vostro Sovrano. *à Camilla,* Spiega loro i miei detti.

CAMILLA *aux François, en leur faisant signe qu'elle interprete ce que la Princesse vient de leur dire.*

Et vous, braves François, qui avez délivré de la tyrannie cet Etat & moi-même, votre courage a assez éclaté, jouissez du repos; que cette isle soit désormais pour vous une nouvelle Patrie; voici mon époux, votre Souverain & le mien.

LISIDOR.

Ah! Emilie! chere épouse! ils apprendront de moi les hommages qu'ils vous doivent; puisque je ne cesserai jamais de vous en rendre moi-même.

Un Officier françois descend l'escalier & entre dans les vaisseaux.

Au son d'une symphonie majestueuse & au bruit du canon des vaisseaux, Rodolfo, Rosaura, les Dames & les Gentilshommes de la Princesse rendent les premiers leurs hommages au nouveau Souverain. Les Troupes françoises & celles de l'isle marquent aussi leur soumission en baissant leurs armes. Les Habitans de l'isle en hommes & en femmes de tout état rendent aussi leurs hommages en passant en ordre, en s'inclinant, en jettant des fleurs aux pieds du Prince & de la Princesse, en montrant les palmes & les lauriers: & aussi-tôt qu'ils se seront remis à leur place la symphonie cessera.

Camilla se retire avec un air consterné, & s'en va par une allée; Arlequin s'esquive doucement, & s'en va dans les appartemens où a été Lisidor.

EMILIA.
Air :
* Da te, sposo adorato,
Imparai che sia amore;
In te vive il mio core,
Posa in te la mia fe'.

il fulgor del Dio alato
Se sorridi in te vedo;
Marte stesso io ti credo
Se il ciglio muovi o il pie'.

Après l'Air, la même symphonie majestueuse recommence. Lisidor donne la main à Emilia; ils sont suivis de Rodolfo, de Rosaura, des Dames & Gentilshommes, & ils entrent dans les appartemens d'où est toujours sortie Emilia. Les Troupes françoises & celles de l'isle se mêlent tout-à-coup, se partagent & défilent; une partie descend l'escalier pour entrer dans les vaisseaux; l'autre partie en amenant les prisonniers s'en va par une allée. Lisidor & Emilia paroissent sur le balcon de la Porte par où ils sont entrés; des Dames & des Gentilshommes paroissent sur le balcon de l'autre porte. Emilia par ses signes fait sentir à Lisidor qu'elle desireroit la liberté des prisonniers; Lisidor lui fait entendre qu'elle est la maîtresse d'ordonner. Emilia fait signe aux Troupes qui amenent les prisonniers de les mettre en liberté; on leur ôte les chaînes; les Troupes continuent leur marche & se retirent.

La joie des prisonniers, qui ne le sont plus, & l'admiration des habitans & habitantes de l'isle, fournit un sujet naturel au commencement d'un Ballet. Emilia fait signe aux Dames & aux Gentilshommes de prendre part à l'allégresse commune; ils descendent & vont se mêler à la danse. Les Officiers qui ont amené les Troupes reviennent, & se livrent aussi au même plaisir. Ainsi on peut former un Ballet varié & agréable de ce mélange de personnes de tout état, que la joie transporte, & qui admirent le Prince & la Princesse.

FIN.

APPROBATION.

J'AI lû par ordre de Monseigneur le Chancelier : *la Nouvelle Italie, Comédie Héroï-comique Italienne & Françoise*, par M. *de Bibiena*. Cette Piéce qui a eu des succès sur la Scene, pourra plaire encore au Public sans le prestige de la représentation dans laquelle, une des plus célébres *Cantatrices*, a joint au talent sublime du chant que l'on lui connoissoit une action vive, animée & passionnée qu'on ne lui connoissoit pas. A Paris, ce 14 Juillet 1762. MARIN.

84

www.ingramcontent.com/pod-product-compliance
Lightning Source LLC
LaVergne TN
LVHW020108100426
835512LV00040B/1810